JN439263

꿈속의 님

하난영 시집

교음사

서(序)

시를 좋아하고 읽는 일은 다른 사람의 영혼에서 뿜어져 나오는 향기를 맡는 숭고하고도 즐거운 일이라 생각합니다.

자신이 쓴 시를 세상에 내보이는 일은 자신의 영혼을 갈고 닦는 도정을 드러내는 것이라고 생각합니다. 미흡한 모습이지만 이만큼 성장했다는 자부심도 있기에 기쁘고 가슴 벅찹니다.

아름다운 시의 세계에 살 수 있도록 손길 이끌어 주신 조영일 전 육사문학관 관장님과 맹문재 교수님 마경덕 선생님께 감사드리고 싶습니다. 그리고 서평을 써주신 오동춘 박사님과 강병욱 교음사 사장님께도 감사의 말씀 드립니다.

남편 김상기 박사, 미현(고동욱), 동현(최한나) 자녀의 지지와 성원은 언제나 힘이 되고 울타리가 되어서 저의 삶을 풍성하게 해주고 있다는 사실 또한 잊지 않고 있습니다.

부모 형제와 친지분들 그리고 저를 알고 계시거나 인연이 닿는 분들께 이 책을 전해 드리며 아무쪼록 저의 글을 읽으면서 일말의 공감과 즐거움을 가진다면 그것으로 저는 만족합니다.

첫 시집이라서 더욱 설레는 가슴으로 여러분 곁을 찾아갑니다. 코로나19가 여전히 지구를 강타하는 요즈음 늘 건강하시길 빌면서.

2020년 여름에 하난영

1. 꿈속의 님

2. 사랑과 미움

3. 방울토마토

4. 가슴속의 바퀴벌레

5. 무서운 거울

1

꿈속의 님

꿈속의 님

고운 꿈은
고동치는 기쁨의 묵시록
계절이 바뀌어도
언제나 푸르네

꿈속에 찾아오는 님은
훨훨 날아서 오고
구름 위 성채처럼 황홀한 모습

메마르던 열정에
불을 붙이고
의심하던 마음에
믿음의 씨앗을 심었네

내 가슴에 불의 낙인을 찍었네
스스로 찍은 낙인
그대의 사랑은 평안을 주기에
나는 그대의 것이라는 약속이었네

메마른 밭이 옥토가 되니

좋은 열매 맺을 소망 가슴에 품어
다시 한번 보고 싶은
꿈속의 님
꿈속에서도 꿈결같았네

예방주사

지진파가 감지되었다
먼 나라로 유학갔던 아들
눈물 젖은 빵을 먹었다며
젖은 빵을 내민다

가슴 먹먹해진 나는
아들에게 말했다
네가 누릴 수 있는 복을 어릴 때
다 누려버리면
남은 복이 없어져
조금씩 나누어 누려야지

오랜 경험에서 나온
나 혼자만의 이론에
고개 끄덕이는 아들
그만하면
감사하라는 말에
또 고개 끄덕인다

봄꽃이

겨울을 원망하지 않고 새봄을 맞이하듯이
아들도 지난 일을 원망하지 않고
새봄을 누려야 한다

지진파가
쓰나미로 변한다면 참담할 텐데
다행히 고개 끄덕이는 아들
눈물 젖은 빵은
아들에게 예방주사였다

꽃바구니

바구니에 담겨온 화사한 계절
장미 카네이션 안개꽃

먼 이국땅에서
연구하랴 논문 쓰랴 바쁜 아들이
생일에 맞춰 보내온 정성
마음속 어두움 죄다 거두고
밝은 빛으로 가득 채웠다

꽃잎은 어느새 시들어 갔지만
남은 향기 여운이 짙어
신이 빚은 예술품
사랑의 전령사
꽃의 사명은 완수되었으니

내 마음속에 겨워 온 사랑
오래 빛날 별 하나로 새겨졌다

당신

당신과의 만남은 진통제
아프던 몸과 마음 통증이 가신다

혼자서는 외로워 손 내밀면
따뜻한 두 손 맞잡아 준다

삶이 슬프게 다가올 때면
같은 가슴으로 아파해 주어
속눈썹 젖은 자리
햇살이 찾아든다

때로는
매운 각성제 되어 나를 깨우는

당신은 귀인 소중한 사람
내게 온 하늘의 축복

꽃의 소명

그의 눈빛과 목소리에
봄꽃으로 설렜지만
무심한 나는
빛나는 봄이
얼마나 덧없이 지나가는지
모르고 스쳐갔다

해변의 모래알이 쌓여 언덕이 될지라도
바다 건너 울며불며 떠난 파랑새는
다시 그 해변으로 돌아오지 않는 법

내게로 향하는 좁은 두 귀
소라껍데기처럼 열려야 한다는 걸
이제야 깨닫는다

날개가 없어 차라리 침묵하며
불어오는 바람에 흔들리던 꽃

겨울에 준비한 꽃눈
봄날에 피운 향기
피고 지고 다시 피는

꽃의 생애에
받아온 귀한 사랑
때가 되면 전달해야 한다는 걸
알기까지 긴 시간이 필요했다

그것이 꽃의 기쁨이자 꽃의 소명이라는 것도

두 어머니의 손

친정어머니 시어머니 두 분께서
평생토록
보배로 아셨던 손
가슴속 납덩어리 몇 개씩 눌리면서도
'죽으면 썩을 손 아끼면 뭐하나'
'못난 놈이 인정 탓한다'
그 말씀이 제게 보배로 남아 있습니다

혹독한 시절에도
소중한 것을 놓지 않은 손힘
나의 약한 손힘을 부끄럽게 했지요

젊은 시절 동동걸음으로
큰 가마솥에 밥을 하고
반찬을 장만하던
어머니의 강인한 손
그 손가락 관절이 휘어지도록
빨랫거리는 또 얼마나 많았던지요

자기 살점을 자식에게 먹이는 희생이

어미의 길이라고
뼈만 남을 때까지
다 발라준 두 분
이제는 봄날의 제비처럼
자유와 설렘을 손안에 꼭 쥐고
새로운 봄을 누리련만
남아 있는 해가 너무 짧아
안타까운 저녁
어느새 밤이 다가오고 있군요

'손이 보배야 보배!'
귓가에 쟁쟁한 말
늘 기억하면서 살아갑니다

풍경 소리

여동생이 이사한 새집에 선물한
물고기 여러 마리 달린 분홍 모빌
손으로 건드릴 때마다
식탁 위에서
한여름 시원한 개울물
헤엄치는 물고기 소리
지저귀는 새소리 들린다

겨울날
사각사각 눈 밟고 돌아오는 소리 맞추어
찰랑찰랑 찰랑거리는 소리
식탁은 더욱 아늑해지고
먼 산중의 절에서 나는
죽비소리 목탁 소리
맑은 울림 떠다닌다

풍경 소리가 그리운 내 귀를 위해
집집마다 풍경이 달린 추녀를 상상한다
한꺼번에 울리는
댕그랑 소리

내 귀가 즐겁게 열리고
먼 하늘 귀도 열릴 것 같다

아버지의 정원

아버지가 가꾸던 정원 한 켠에는
시조를 일구는 밭이 있었다
그 밭에는 국토를 사랑하는 마음이
초록색 울타리로 꿋꿋했다
가지 많은 우리 동기들 그 울타리 안에서
손수 쓰신 경천애인(敬天愛人)
네 글자를 가훈으로 뿌리를 뻗었다

허리가 휘청한 세월도 있었지만
선한 미소 잃지 않은 아버지
한결같은 발걸음 깨끗한 공직생활
칭송도 들으셨다

딸의 심신을 염려해서
당신이 세상을 떠나셔도
몸이 상하도록 슬퍼하지는
말라던 아버지

이젠 고단한 몸 의자에 의지하고
보청기를 꽂으셨다

정원은 비어가고 겨울이 닥쳐왔어도
밤이 되면 단잠을 주무시는 아버지

아마도 평온한 꿈속에서 보고 계실지 모른다
정원사를 기다리는 새싹들이
가물거리는 아지랑이 사이로
뾰족하게 입술 내미는 것을
어쩌면 보청기 없이도 들으실지 모른다
작은 새들 정원에 놀러와
짹짹거리고 마주보며 노래하는 것을

뜯지 않은 편지

앞으로 올봄은
뜯지 않은 편지

비 오고 싹이 튼다는 우수
비는 안 오고
함박눈만 펄펄 내렸다

봄소식 실은 배달부가
잠깐 한눈을 팔았을까

들에서 캔 쑥 냄새는
아직 맡지 못했지만
남쪽 바다 제주도에서
방금 캐낸 당근과 콜라비는
달콤한 즙을 품었다

열두 가지 연둣빛 소식을
기다리는 농부는
영혼의 반쪽을 걸고
햇빛과 공기와 빗물을

거름으로 부어
풍성한 열매를 꿈꾼다

뜯지 않은 편지가 궁금해 둑방으로 나가니
편지 속에 갇혀 있던 개나리
노랗게 뛰쳐나와 있다

감로수

산길 돌고 돌아 버스가 올라가니
분지 마을은 봄
지붕이 예쁜 우물가에
동네 아낙들의 정겨운 웃음꽃
맛있는 물 먹고 자란
나물 반찬은 고기반찬 못잖아
마을 아이들
잔병치레 없이 자랐다

논둑길 밭둑길 살며시 스쳐와
창문을 두드리는 보름달
불시의 호출에 일어나
얼떨결에 마셔본 물 한 잔의 이름은
감·로·수

형광등 불빛 아래 정수기 물도
크리스털 조명 아래 수입 생수도
산속의 우물맛보다 못했다

악머구리 악을 쓰는 여름밤이나
흰 눈이 소리 없이 쌓이는 겨울밤에도

단맛을 우려내며 고이던 물
그 물맛 변치 않기 바라는 소망
두 손에 얹어 달빛에 실어 보내는
눈 쌓인 오솔길 달 밝은 마을

통영 충렬사에서

등이 꼿꼿한 중년의 남자가
언덕 위 충무공 비석 앞에서 모자를 벗는다

저 비석은 알고 있을까
나부끼는 머리카락 숙이며
그가 바치는 존경의 무게를

비취색 물빛 통영 앞바다
동양의 나폴리
하얀 선박들 떠 있는 평화로운 항구는
그 옛날 남쪽 바다 지킨 장군을 기억할까

정기 서린 눈빛, 큰 칼 찬 장군의
우국충정 서린 곳
뜨거운 감사의 념(念) 가슴에서 솟구쳐
나그네 곁에 나란히 서서
허리 굽혀 절한다

유비무환(有備無患)의 자세와
높은 충의(忠義)로

애민(愛民)정신을 실천한 이순신 장군

비록 돌이지만 저 비석은 알고 있으리라
비록 물이지만 저 바다는 기억하고 있으리라
그 고고한 정신과 위대한 업적을

귀인

타로 카드점은 재미있는 놀이였다

터키석이나 마노반지를 끼지 않은 수수한 손으로
이국풍의 카드를 엮어서
내 귀에 닿게 한
올해 안에 귀인이 나타날 거라는 말
벙싯 웃으며 귓속으로 들어왔다

듣기 좋은 말에 팔랑귀가 되었지만
내 결론은
높은 지위도 돈이 많은 것도 아닌
내게 도움 베푸는 사람이 귀인이라는 것

생명 주고 키워준 부모님부터
향기로운 꽃 같기도 하고
오래된 나무 같기도 한
고풍스럽고 우아한 귀인들의 행렬을
발견한 감동에

타로 카드집에 들른 것을

행운으로 격상시켰다

다시 한번 가보면
어떤 말을 들을까
자꾸만 풀어질려는 귀
행운은 한 번으로 족하다고
수습했다

수많은 말의 성찬을
되새김질하면서
매혹당한 귀인이라는 말
나도 누군가의 귀인이 되어
그나 그녀의 가슴에 영원히 살 수 있으려면
얼마나 많은 추억이 쌓여야 할까
얼마나 많은 땀방울이 모여야 할까

목련꽃과 봄노래

참새 한 마리
포롱포롱 날면서
명랑한 소리로 가지를 흔드니
목련꽃 살랑살랑
흰나비가 되었네

창밖의 목련꽃 나무
시공을 건너게 해
단발머리 소녀 시절
부르던 노래 떠올리네

영롱한 그 노래
손녀에게 들려주니
어린 손녀는 어렵다 손사래 치고
내 입술에서 흘러나온 노랫소리
무지개처럼 공중에 걸리네

봄은 한창인데
목련꽃 그늘 아래에
하나둘 하얗게 꽃이 지네
날개 접은 나비처럼 꽃이 지고 있네

배롱나무꽃

고운 얼굴 피어 들고
서로 다투는 봄날
아무 일 없는 듯 말없이 서 있더니
온 세상이 힘없이 늘어지는
따가운 햇살 속
진홍으로 단장하고
생기 불어넣는 배롱나무꽃
피고 지고 또 피는 일편단심으로
얻어낸 그 이름 백일홍
초가을 하늘 아래서도
변함없는 그 자태
동산 너머 저 넓은 세상까지
환한 등불을 켜네

2

사랑과 미움

사랑과 미움

사랑은 삶의 양식
사랑의 샘에서 퍼 올리는 기쁨
메마른 영혼과 육신을 살찌워
힘을 얻은 영육이 살아간다

외로운 길 가는 나그네의 시간
미움과 사랑의 교차로에
삑- 삑- 경적이 울린다
왜 나는 미워하는가
왜 나는 사랑하는가
나는 오늘 미움의 향초보다
사랑의 향초를 얼마나 더 많이 켰나

정의의 칼날이
검광을 번득일 때
사랑은 조용히 음식을 만들어
허기진 뱃가죽을 위로하고
부드러운 혀로
칼에 베인 상처를 핥아준다

사랑으로 키워주는 하늘과 땅
그 넓은 치마폭
보고도 모르던 눈먼 사람
이제야 어렴풋이 실눈을 뜬다

어둠의 손짓
미움의 암흑 속에서
꺼지지 않는 빛을 찾을 때
영원히 타오르는 등불
저 멀리 기다리는 지순한 사랑

능소화

주황색 예쁘게 단장한 얼굴
밖을 내다본다
가득찬 호기심과 타오르는 그리움에
더위도 주춤
생생한 웃음소리
묵음으로 흔든다

그래 너는 더위에 기죽지 않는
남국의 영혼
나도 너처럼 뜨겁게
내 속을 끌어모아
아름다운 형상 만들어 볼게

나의 은밀한 독백 중에
꽃송이 하나
바닥에 툭 떨어진다

열정을 불사른 후
땅 위에 눕는 모습
꿈틀거림도 미련도 없는 자리

불꽃 튀는 사랑도
피 터지는 미움도 없다

능소화 피듯 살고
능소화 지듯 죽고 싶다는
새로운 가지 하나
촉을 틔운다

해변의 기타리스트

여름날 부산 해운대
젊음의 열기가 출렁대는 해변
다양한 국적의 사람들이 테라스에 앉아
바다를 음미한다

소나무 그늘에 앉아 기타 치는 외국인
아내와 어린 딸을 곁에 앉히고 연주하는 기타 소리는
파도의 거대한 합주에 묻히고
앞에 놓인 통 속의 천 원짜리 두 장이 외롭다

저 외국인은 무전 여행자
바싹 마른 얼굴과 몸이
몇 끼를 굶었을 것 같은 분위기지만
표정만은 태연하다
멈칫대며 5천 원짜리 한 장을 통 속에 넣어주니
미소 띠며 굽신 절을 한다
해변에는
이렇게 가난한 음유시인이
한 사람쯤 있어야 한다
흘러간 어느 시절에도 그랬듯이

솔잎 사이로 빗방울이 떨어지니
자리를 걷고
비를 맞으며
휘적휘적 몸을 감추는 세 사람
그의 오늘 하루 벌이는
목표를 달성하지 못했을 것 같다

여름이 갔다

이번 여름도 불안했다
모처럼의 휴가
비 오는 바다는 쓸모가 없었다
하루 종일 방에 갇혀
커튼 사이로 천둥 치는 하늘을 보다
지척에 있는 바다를 당겨 오니
회색 파도 몰아치는 해변에는
인적이 끊겼다

휴가는 공중으로 분해되고
패악을 부리며
낮과 밤을 지배하는 여름은 길었다
적도의 열기는 어떨까
살아보지 못한 지구의 한 지역을 연민하며
자신을 위로했다

시원한 계곡에서 한 달포쯤
살고 싶다는 소망을 품었지만
이루지 못한 소망
예감대로 징크스를 불러와

독하게 앓은 여름 감기
고래 심줄처럼 질겼다

어느 날 아침부터
나의 수호천사인 갈바람이 불어와
유리구슬처럼 반짝이는 햇빛이
구석구석 축축한 것들을 말리고 있다

헤살 부리는 대낮의 따가움도
애교로 받아주고 싶은 9월
늘어졌던 아스팔트가 몸매를 정돈하고
나뭇가지 우수수 땀을 털고 있다
여름이 물러간 자리
가뿐하다

수탉의 울음소리

조용하다 못해
낮잠에 빠진 주택가
꼬~ 끼오
울려 퍼지는 수탉 소리가
낮잠을 깨웠다

수탉 소리가
봄볕을 펴 나르는 그곳에서는
산란을 알리는 암탉의 꼬꼬댁 소리가
개나리 담장을 돌아 나가고
멀리서 개 짖는 소리도 들려왔는데
언젠가부터 옆집의 그 소리가 들리지 않는다

닭을 키우던 옆집 주인이 집을 팔고 떠난 빈터에
이끼 낄 새도 없이 허물고 새로 짓는 건물
콘크리트 저택에는 살 수 없어
사라져 간 수탉 가족

어느 마당 깊은 집 햇살 바른 뜨락에서
의젓한 벼슬을 세워

호기롭게 소리 지르며 살고 있는지
아니면 닭 장사하는 집에
헐값으로 팔려가 자유를 종쳤는지
거리를 깨우던 수탉의 울음소리
행방이 묘연하다

짧은 영광 긴 침묵
사라진 소리의 무덤에
지난 시간도 순장되었다

소나기의 타이밍

야호! 야호!
환호성
물줄기가
북을 두드리면
대지는 콩을 볶는다
낮은 곳을 찾아 굴러가는 콩알들
메마르게 풀썩이던 먼지를
시원하게 씻어준 후
돌개바람 불어 남은 구름 흩어지면
누웠던 풀잎이 일어난다

우산을 접고
라르고의 속도로 발길을 옮기니
쑥부쟁이 금낭화 개망초가
금방 씻은 얼굴에
수천 개의 물꽃을 매달고 반긴다

한바탕 공연을 끝내자
미련을 버리고
멀리 물러가는 소나기
머물 때와 떠날 때를 안다는 건 얼마나 좋은 일인가

국화차

지나온 계절의
온갖 시련 이겨내고
높은 하늘 아래 밝은 미소 짓는
가을의 여왕
정원에서 들에서 주위를 밝히더니
이제는 노란별로 찻잔을 밝혀준다

깊은 산골 농부가 정성스레 매만진
한 송이 꽃잎
먼지와 기름기로 더부룩한 속
씻어줄 법한데
마주 앉아 마실 사람 바쁘다 핑계하니
쌉싸름한 국화향

술도 아니건만
붉게 물드는 얼굴

혼자서 마시는 차 맛 더 쓰지만
혼밥 혼술에 익숙해지는 것
국화차 마시며 배우는 중이다

그림책

아이와 함께 그림책을 본다
파란 하늘이 책 속에 있다
한 장을 넘긴다
과수원에 사과가 주렁주렁 달렸다
이곳은 어쩌면 에덴동산인지도 모른다

사과나무 곁으로 실개천이 흐르고
농부와 아이가
부드러운 풀의 융단을 걷는다
영양(羚羊) 한 무리 멀리 초원에서
햇볕을 어깨에 두르고
한가롭게 풀을 뜯는다

그림책을 빠져나오니
창밖은 미세 먼지로 뿌옇다
사라진 맑은 하늘은
먼지 뒤편에 숨었다

화면에서는 치고받고 난타전
입에 발린 거짓말을 늘어놓는 얼굴들이

공해를 추가한다
TV를 끈다
심호흡을 한다

내가 그토록 그리워한 것은
그림책 속에 있었다

격(格)이라는 것

하늘을 보았다
미인이 웃고 있다
그녀의 이름은 명월*

밝은 달이 만공산하니
쉬어 가라는 유혹은
명시가 된 지 오래
아마도 격이 높았던 게지

황금가루 달빛 따라 쏟아지던 대보름 밤
할머니 촛불 밝혀 조왕신께 빌 때
그저 자손들 무탈하고 건강하기만 빌던 두 손
그 안에 지폐라는 황금은 보이지 않았지

삶에도 죽음에도 격이 있을 거야
하다못해 유혹에도 품격이 있듯이

황금만능주의를 내 안에서 몰아내고
우아한 황혼을 바라보며
품격을 높이는 거야

골목길을 따라오는 달빛의
친근한 눈짓을 받으며
품격이라는 무거운 화두를
화관처럼 가볍게
머리에 얹었다

*명월: 조선시대 유명한 기생 황진이의 기명

슬픔의 언저리

들국화 같은 너의 향기
너무 가까우면 숨이 막히고
멀어지면 외로운 숨결

내게서는 어떤 향기가 났을까
항상 곁에 있어 주기를 바랐지만
적당한 거리를 찾지 못한
틈은 점점 커지고

돋아난 상처 아물기 전에
곁을 지키던 너는 멀어졌다

푸르던 계절이 가버린 들녘
야위어 가는 나뭇잎
아쉬움의 한숨을 내쉬며
계절의 발자취를 그리워한다

너무 먼 거리
볼 수 없는 공간을 남기고
들국화 진 언저리에 핀 이름 모를 꽃

아픔의 꽃이라 부를까
회한의 꽃이라 부를까

이름 모를 꽃
이름 모를 마음
향기마저 씁쓸한

팽이

몇 개나 굴러다녀도
아이들은 시큰둥한
팽이채가 없는 팽이를 보았어요
팽이채 없이도 잘 돌아가는 팽이를
자꾸 돌려보다가
서랍 속에 간수했지요
또다시 돌려보리라 다짐하며

팽이채를 찰싹찰싹 내려치면
돌아가는 팽이에
크레용 색칠한 고운 무지개가 떠올라
오래도록 바라보던
볼이 빨간 소녀

오빠와 함께 해거름까지
썰매를 타면서
빙판 위 팽이를 원없이 쳐보고 싶었던 때가 있었지요

팽이채로 맞아야 돌아가던 팽이는
이젠 맞지 않아도 돌아가고

나는 손으로 돌릴 수 있어서
서로가 좋네요

세월 무척이나 흘러간 후에
우연히 돌려본 팽이
소망 오래도록 가슴에 품으면
운 좋은 어느 날 이렇게 이루어지는 걸까요
서랍 속 팽이를 볼 때마다
알 수 없는 기대 걸어보지요

할머니의 향기

메밀꽃 닮은 할머니
담백한 향기 날릴 때
나는 향기에 취해
사랑이 고프지 않던 아이

겨울날 하교한 손녀의 곱은 두 손
아랫목에 묻고
저릿한 두 손 주물러 주시던 약손
아픈 배를 쓰다듬으면
어디론가 떠나가 버리던 통증

직장생활 중에 감기 걸린 손녀 위해
파도 소리 낯선 포구 마을까지 찾아오신 할머니
조석을 끓여주시던 두 손
찬물에 빨갛게 변해 호호 불 때
미안한 내 마음도 빨갛게 익은 사과가 되었지

콜레라가 휩쓸던 새댁 시절
격리돼 누운 이웃에게 손수 죽을 끓여 떠먹여
살리신 활인(活人)의 손길

그 손길로 옷감을 말려 솜을 누벼 입힌 할아버지
매해 겨울을 따뜻하게 나셨지

언제나 무채색의 옷차림
소식(小食)을 하시면서 건강하게
장수의 복을 누리다가
하늘 길 떠나신 할머니
메밀꽃 흐드러진 강가에 서서
그리움 담아 하늘을 보면
할머니 환한 미소 꽃무리지네

외할머니의 화투

화투 패에 시름을 묻고
손녀와 밤마다 화투 치시던
외할머니 꼭꼭 숨긴 가슴에는
한국과 일본이 왕래할 수 없던 시절
일본에 가 있는 두 아들의 귀국에
목말라 갈라지는 논바닥이 있었다

그림 공부하러 간 셋째 아들이야
결혼 안 한 몸이라 뒷전이지만
꽃 같은 둘째 며느리 바라볼 때면
현해탄 바닷물이 졸아든 듯한
진한 애달픔이 있었다

외할머니 아들에 대한 정
속으로만 삭이다가
아들이 귀국한다는 헛된 소문에 격동된 가슴
뇌졸중으로 쓰러지셨다

밤마다 외할머니 화투 상대해 드리던
외사촌과 외숙모는

국교 정상화로 20여 년 만에 고국 찾은
외삼촌과 함께 일본으로 떠나고
봄이 오면
할머니 무덤가에
진달래꽃 피었다

이제는 며느리에 대한
미안함 거두시고
고운 세상 만나고 계실 외할머니

역전에 서면
치마저고리 입은 외할머니
기차에서 내려
딸네 집 나들이 자박자박 걸어오시던
모습 그리워진다

씨옥수수

오랜만에 온 손녀
벽에 걸린 마른 옥수수가 궁금하다
자식 따라 이민 온 미국 땅
할머니는 한국식을 버리지 않는다
차진 오곡밥에 짭짤하게 조린 가자미
미역국 한 그릇 듬뿍
손님을 초대해 고국의 맛을 선물한다

봄이 오면 뒤뜰 담장 곁에서
따가운 캘리포니아의 햇살 아래
몸을 키우는 옥수수
옥수수의 고향 아메리카에 와서도
할머니의 농사법은 여전히 한국식

둘둘 감은 어린 것을 업고 서 있는
다 큰 옥수수 가슴 부풀게 하고
손녀의 꼬부랑 말투 쏙 들어간 눈매에서
어딘가 자기랑 닮은 구석
찾아낸 그녀 가슴을 폈다

그녀가 싱싱하던 시절 뿌리고 가꾼 씨앗
꽃을 피우고 여물어 간다
할머니는
그들의 씨옥수수였다

가을의 소망

초록으로 살찌우던 잎사귀
곱게 단풍 들어
꽃보다 더 설레게 하네
공중을 나는 저 잎새들의 날갯짓
땅 위보다 더 자유롭네
청옥빛 물감 곱게 깔린 하늘을
유유히 떠가는
흰 양의 무리처럼 평화롭네

가을은 시보다 더 아름다운 시
예서 살아가는 착한 사람들과
때묻지 않은 아이들이 있어서 더 살가운 날들
찬란한 색깔로 계절의 인사를 쓰네

아프고 고독하고 배고픈 눈물이
등 따시고 배부른 한밤의 기적으로 피어나고
연약한 자를 일으켜 세우는 생명수
잔마다 가득 고이고
나누는 대화가 서로의 가슴에 이해로 와 닿는
아! 생각만 해도 행복한 가을의 소망이
바람 따라 단풍 따라 흘러가네

3

방울토마토

방울토마토

몇 개월간
흙 속에서 침묵을 견디다가 세상으로 나온
방울토마토 한 포기

그 새끼손가락만 한 작은 새싹이
햇빛을 꾸역꾸역 받아먹고
뼈마디를 늘려 키를 키우더니
별같이 노란 꽃을 피웠다

별이 진 자리에 앙증맞은 열매
열 개도 넘게 달린
초보 농부의 첫 수확

빨갛고 귀여운 저것을
어떻게 먹을 수 있을까
애지중지 보기만 했는데
노는 날 찾아온 아들 입에 쏘옥

보고 즐기던 기쁨 스러졌지만
아들이 먹었으니 아깝지 않아

이번에 새 열매가 익으면
누구에게 줄까
가지에 핀 꽃잎을 세어 보며
아기 열매들 채비하는 소리 듣는다

동기간

열한 식구 대가족
공장 직공도 서너 명
많아서 싫다는 생각은 없었지만

늦게 일어난 비 오는 아침
온전한 우산은 모두 들고 나가고
찌그러진 우산만 내 차지일 때
무척이나 부러웠던
오붓한 핵가족 무남독녀 옥희

옥희가 외롭게 견디던 세상살이
내동댕이치고
부모님 가슴에 대못 박았다는
기막힌 소식 듣고 보니
내 곁에 있는 닮은 유전자의 사람들
탱자 울타리로 서서
죽음의 사자(使者)가 던지는
독사과를 막아 주고 있었다

낯선 도시 표정 없는 군중 속에서

손에 쥔 전화기 뚜껑을 열면
홀로 뻗은 가지는 다른 가지로 연결
군중 속의 고독을 헤엄쳐 나왔다

어두운 밤
태풍이 몰려올 때
가지 많은 나무가 서로를
격려하는 소리
쏴아 쏴아
바람에 흔들려도 꺾이지 말고
푸른 새벽 동틀 때 다시 보자 한다

베리화이트 바나나 공주

둘째 손녀가
유치원 선생님이 자기를
베리화이트 바나나 공주로 부른다고
전달한다
이왕이면 백설공주라 불러주지
아쉬움은 욕심의 다른 이름일까
젖빛보다 더 뽀얀 피부
건강을 위해
햇빛을 더 허락해야 한다

밥투정에 과자만 좋아해
애를 먹여도
언제나 가족 중에서
할머니를 가장 사랑한다는
손녀의 식을 줄 모르는 사랑
할머니를 부르는 소리에
종종걸음 하며
베리화이트 바나나 공주의
하얀 얼굴에 혈색을 입히려고
고심한다

창밖의 단풍나무 어느새 단풍들고
바람 사이로 계절의 암호가 달라지더니
손녀도 부쩍 키를 키웠다
잠들기 전 고사리 같은 손으로
내 등을 긁어 준다

오늘 밤은 꿈나라에서
누구랑 소꿉놀이하는지
생긋이 웃는 얼굴 천생 공주다

흔적

살그머니 다가온 일곱 살 손녀
지우개를 내밀며
작년에 쓴 글자를 지워달라고 한다

내 대답은
"얘야, 처음부터 잘 쓰는 사람은 없단다
삐뚤삐뚤한 글씨가 있었기에
오늘 너의 예쁜 글씨가 있는 거지"
그 말을 들은 손녀
지우는 걸 포기하고
색종이를 오려서 글자에 붙인다

손녀는 지칠 때까지
색종이를 붙인다
아마도 내일이면 까마득하게 잊어버릴 일을
열심히 하고 있는 손녀

언젠가는 손녀도 알게 되리라
지우고 싶은 흔적도 있지만
때로는 간직하고 싶은 흔적도
있다는 것을

귀한 손님

반가운 손님
5년 동안이나 기다린 손님
긴장 속에서 가슴 졸이던 가족에게
안도감을 안겨주며
발그레한 얼굴과 완벽한 몸으로 온 너
여정이 피곤한지
두 눈 꼭 감고 자고 있지만
우리가 어디에서 맺은 인연인지
너는 알리라
아직은 하늘 기억이 남아 있을 테니

와 주어서 고마운 너
건강하게 자라서 지혜로운 사람이 되기 바랄게
존재만으로도 기쁨을 주는 사람
받은 사랑보다 더 많은 사랑을 주는 사람
가족을 소중히 하고 사랑하는 사람이 되면 좋겠다
나아가서 나라를 빛낼 수 있다면 더욱 고마운 일이지
무엇보다 신의 선하심을 믿고 봉사하는 마음을 지녀
복을 많이 받는 그런 사람 되기를 바란단다

너의 할머니가

도시 아이

소풍 길 들녘에 보이는 초록 식물이
보리인지 밀인지
산에서 만난 꼬리 긴 작은 짐승이
다람쥐인지 청설모인지
곰취 미역취 취나물을
알지 못하는 아이

담장 길에 그림자가 길어지면
산 너머 마을을 바라보고
굴뚝마다 피어오르는 이야기에
궁금증이 일었던 열 살이었다

가뭇한 기억 속
황토 흙 날리는 신작로를 따라
논밭을 지나 어디론가 따라간 그곳은 아버지의 고향
장죽 물고 아랫목 차지하신 할아버지가 예전에 떠나온 곳
따끈한 방에서 먹어본 고염의 맛이 지금도 남아 있는데

다디단 그 맛이 그리워도
어른이 될 때까지

다시 갈 수 없었던 그곳
이제 그곳은 고속도로가 뚫려
산과 들에서 일하며 놀던 아이들은 사라지고
집집마다 아이들이 왕자와 공주처럼 자라고 있다

화사한 드레스 입은 금발의 프랑스 인형을
껴안고 자는 아이들은
풀피리 소리도 메뚜기 잡는 추억도 없다

두부

딱딱하던 콩이
말랑하게 변신해서
부드럽게 엉킨 사각의 형태
만만하게 집어 들면
부서지기에
아기 몸처럼 조심스러워요

그 속에는
한여름 땡볕에 콩밭 매던
까맣게 그을린 등과
타고 내리는 굵은 땀방울이
고된 여정을 거쳐
투명하게 새겨져 있어
한 조각이라도 허투루 할 수 없지요

두레상에 둘러앉아
저녁밥을 먹던 시절
된장찌개 속 두부 조각은
언제나 제일 먼저 사라져
빈 숟가락으로 헛손질했던 기억이 남아 있는데

두부조림 두부전 두부전골 순두부찌개
된장국에 동동
국물에 섞여 있어도 그냥 먹어도
포근한 촉감이
내 연약한 위 점막에
사뿐히 내려앉아요

어느 집에서는
가장의 탁한 피를 걸러주는
천연의 약으로 신분을 바꾼 두부가
부드러운 몸으로 탁류를 이긴
신비의 영약이 되어
그 가정의 상비 식품이 되었다고 하더군요

연근

가게에 진열된 연근을 보고
발길을 멈추었다
칼질하는 가게 아줌마의 손끝에는
납작납작 칼이 피운 꽃잎이
숨어 있던 뿌리 속에서 나타난다

저 뿌리 속에 꽃이 숨어 있었다니
뻘 속 깊은 어둠 속에서
꽃을 만들고 싶은 바람으로
뿌리는 얼마나 많은 밤을 뒤척였을까

클 때 복은 개복
진짜 복을 피우기 위해
진흙 속에서 돋아난 꽃이
진주알처럼 맑다

가게 앞을 지나가는 어린 아이
저 아이의 몸속에 있는 꽃망울도
어느 날 활짝 터뜨릴 때
얼마나 밝게 빛이 날까

물 먹는 하마

하마는 야행성이라지만
요즘 집에서 키우는 하마는
야행성이 아니야
낮에도 물을 빨아 먹고
비가 오거나 습도 높은 날엔 포식자로 변하지

잠자던 뇌세포 하나 반짝 눈을 뜨면
아차 하고 옷장과 서랍을 점검
한 바퀴 돌아가며 하마를 설치하면
소리 없이 스며든 수분에
물 높이가 올라가고
하마는 가만히 앉아서 배를 채우지

사시사철
옷장 속을 걱정하지 않는 사람들
마트에서 사 온 한아름의
물먹는 하마만 있으면
장마철에도 보송보송한 옷을 휘감지
이름값을 제대로 하는 하마 덕분이지

동해

울릉도와 독도
형제 같은 두 섬이 불침번을 설 때
동해안 결 고운 모래는 파도에 몸을 씻는다

문무왕 호국정신 대왕암에 머물고
연오랑 세오녀 거북등 타고
동해바다 건너가서 선진문물 전했다는
전설의 바다

그 누구도 함부로 대할 수 없는
늠름한 바다
밀려오고 밀려가며
태곳적부터 고인 옥빛
억만년 세월이 흐른다 해도
바래지 않을 그 빛을 휘감고
대양을 만나 더 멀리까지
꿈을 실어 나르는 물결

때로는 고뇌도 출렁이지만
태평양 높은 파고 순하게 보듬어
뱃길 수만리 항로를 시작하니

부지런한 백성들 세계로 가는 관문

동해바다 동해바다여!
변함없는 그 이름 동해라는 이름으로
깊고 맑고 푸른 물결 영원히 흘러라

다람쥐

소백산 나무 아래 그늘 좋은 반석
동행과 나 둘이 앉았다

다람쥐 한 마리
내 앞에 오더니 반듯하게 앉았다
그 눈에 담긴 마음 너무 간절해
남아 있는 아몬드 초콜릿 한 알을 건네주었다

부지런히 갈무리하고
내 앞에 앉은 다람쥐
어떤 화가도 그리지 못할
감사와 정의 눈빛
별처럼 반짝거렸다

조용히 숲의 향기를 마시는 동안
시간의 수레바퀴가 멈추었다
마침내 고개까지 숙이는 다람쥐
세상에! 고개를 숙이는 다람쥐를 보다니!

나는 내 빈손이 원망스러웠다

다람쥐는 포기한 듯 주위를
뛰어다니며 재롱을 부리고
나는 미안해하면서 쳐다보고
점점 멀어져 가는 주위 풍경
눈을 뗄 수 없는 시간이 흘렀다

돌아오는 하늘에는
밤색 다람쥐 모습만 흘렀다
소백산 어느 자락에서 오늘도
즐겁게 하루를 보낼 다람쥐
그토록 작은 선물에 그토록 고마워한
네가 준 선물이 더 크구나
내가 더 고맙구나

고양이

새끼를 낳은 작은 고양이가
해쓱한 모습으로 나타났다
여섯 쌍둥이를 출산하고 더욱 작아진 고양이
윤기 흐르던 털은
회색 재처럼 부스스 일어서고
반짝이던 동공은 탁한 물빛이다

담장 위로 올라가
동그랗게 말고 앉아
햇볕을 쬐다가
하품을 토하다가
다시 담장에서 내려온다

꼬리와 꼬리
끝없이 이어온 고양이 꼬리
그 끝을 이은 암고양이가
오후의 고요를 끌어안고 따스한 햇살을 등에 덮고
웅크렸던 몸을 펴고 있다

그가 낳은 새끼들은 모두 어디로 갔는지

모처럼 홀로 즐기는 낮잠
몸을 활짝 펴고 깊이 빠져들었다
가르릉 소리도 없다

반려견

고양이보다 작은 개
송아지만 한 개
하양이 갈색이 깜장이
오늘 깜장이는 흰색 꽃무늬 옷을 입었다

깜장이를 유모차에 태워 가는 여자
피곤하면서도 뿌듯한 표정
개의 일생에도 팔자가 있는 건지
주인을 잘 만난 호강이 눈부시다

커다란 개 곁에서
따끈한 배설물을 담은
봉지를 들고 가는 남자
공중 도덕심이 눈부시다

낙엽 쌓인 둘레길을
말없이 걸어가는 남자와 개
닮은 표정이 행복해 보인다
훈련된 개의 영리함일까
몸짓만으로도 뒤따르는 순응이 눈부시다

내게도 반려견이 필요한 날이 온다면
예쁜 갓을 씌운 전기스탠드 아래
오래된 편한 의자에 앉아 책을 읽다가
부드러운 털을 가끔 쓰다듬는
그런 모습이 되면 좋겠다

매미

스스로 선택한 땅속의 유배를 끝내고
드디어 올라온 지상
굳은 의지를 품고 한 시절을 풍미한다

목이 메도록
밤낮으로 호소하는 생애의 목표
막바지를 향한 몸부림이라고나 할까

목적을 달성한 매미 한 마리
길 위에 떨어져
날개가 부서져 간다
흙으로 돌아가는 과정은 저토록 빠르다

여름마다 반복되는 불멸의 의지
사랑스럽기도 하고
무섭기도 한
저 종족 보존의 집념
한낮의 용광로보다 더 뜨겁다

4

가슴속의 바퀴벌레

가슴속의 바퀴벌레

알은 가슴속에서
바퀴벌레로 부화했다
가슴을 아프게 하더니
목에 가시를 돋게 하고
불면증을 일으켰다
잠을 자기 위해 억지로
약을 삼켰다

미움의 근원은 중요하지 않았다
잘못을 인정하지 않는
뻔뻔함이 벌레를 키웠다

바퀴벌레는 나를 좋아했다
야행성의 속성으로
밤이면 야금야금 파먹은 하얀 속살
이빨 자국을 흔적으로 남겼다

살기 위해서
유통기한이 지난 아픔과 미움 지워야 했다
샛별 사라지는 여명을 기다려

창문을 열고 심호흡을 했다
어둠 속에 서식하던 바퀴벌레
새벽바람에 버둥거렸다

나는 기꺼이 그를 투척했다
그리고 소리쳤다
잘가라 어둠의 벌레여
미움의 자식이여

초록별의 파수꾼

대부분의 식물이
태양을 사랑한다고 고백했다
바람조차 태양의 자식인 줄
이미 알고 있다
특히 고산지대의 풀들이 더욱 만족한다
하루 종일 태양의 손을 잡을 수 있다고

태양 아래 새로운 것은 없다는 듯이
오랜 내력을 색색으로 풀어내는
식물들의 손가락
오래전부터
환경오염에 관한 소문이 무성하지만
아랑곳하지 않고 태양을 바라보며 광합성에 열심이다

그 열심히 만든 먹을거리와 옷감 재료
약의 재료가 인간을 살리고 있다는 걸
저 푸른 잎들은 알고 있을까

숲을 이룬 식물들의 보금자리는
폐부 깊숙이 숨 한번 크게 쉬고 싶은 생명체들의 휴식처

카산드라*의 트로이 멸망 예언처럼
지구의 멸망은 자주 언급되지만
5월의 장미는 짙은 향기를 피우면서
아름다운 이 초록별의 파수꾼이
지구를 구하는 이야기를
진지하게 들려주고 있다

*카산드라: 트로이의 마지막 왕 프리아모스 왕과 헤카베의 딸.
아폴론에게서 예언의 능력을 받았지만 설득력을 빼앗김.

어떤 가족

딸의 친구가 아이를 데리고 왔다
그녀는 아이를 넷이나 키운다
그 사실에 반쯤 물렁해진 내 마음
그녀의 백합 향기 미소에 더 물러진다

그녀의 주된 일과는
가까운 거리에 살고 있는 시부모를
찾아보는 일과
네 아이를 돌보는 일
하나도 허투루 하지 않는
자분자분한 발걸음
사업에 성공해서
많은 직원을 거느린 시아버지는
큰 건물을 지어 배움의 씨앗을 심고
시어머니는 탈북 청소년을 상담하러 다닌다

보따리에 싸는 것보다는 풀기를 좋아하는 어른들과
온순한 태도와 예절이 몸에 밴 아이들
어깨에 힘줄 줄 모르는 매력적인 일가족의

솜사탕 같은 미소
천사 가족이 따로 없다

갑질의 횡포가 악취를 풍겨와
빈사의 백조들이 몸부림칠 때면
어디선가 맑은 공기 산소통 가족이
같은 하늘 아래 살고 있다는 생각에
숨길이 트인다

모임을 마치고 집으로 떠날 시간
앞치마 두르고 말끔하게 뒷정리하는 그녀
상큼한 향기 분수처럼 알알이 퍼진다

신문 중독자

어두운 세상길 나아갈 때
발걸음 바르게 하고
샘솟는 따뜻한 소식
메마름을 적셔주며
눈부신 과학 지식으로
어리석음을 물리치는
맛있는 음식들로 가득찬 신문이
매일 아침 나를 기다린다

지나간 시간 위에 오늘을 얹고
미래를 투시해 가며
발품 팔아 차려낸 푸짐한 식탁
손님들이 이야기를
후식으로 풀어 낼 때
대화의 소재는 궁하지 않았다

언어보다도 단단한 활자의 뿌리
긴 세월 동안 가지가 뻗고
가지와 가지 사이에 행간이 보이고
천리 밖 풍경이 가깝게 들어온다

누구에게서 받아본 적 없는
자동입국사증 들고
하루도 빠짐없이 세계를 오가는
신문 중독자!
지금 이곳과 다른 수많은 곳을
동시에 경험하니
매일매일 두근두근
심심할 시간이 참 드물다

사탕에 관한 단상

언제부턴가 설탕은 건강의 적이 되었다
이제 사람들은 설탕에 대해 예민하다

사탕 공장을 하던 아버지의 가마솥에서는
물과 설탕과 물엿이 끓었다
말랑해진 덩어리를 굴려 모양 틀로 자르고
그 위에 설탕을 뿌리면 완성!
색색의 사탕과 과자를 하루 종일 만들던
오빠처럼 친근한 직공들은 때때로
유행가 노래를 부르며 향수를 달랬다

친구와 단 것을 나누어 먹던 추억은
무지개사탕으로 고운데
누구는 십리사탕 하나를 물고 십리 길을 걸어갔다고 했다

가세가 기울어
사탕 공장이 없어진 것이 슬펐던 나는
나이가 들어도
단맛을 좋아하는 사람으로 남았다

설탕의 해로움을 알고 나서부터는
아주 조금씩만 맛보게 된 달콤한 맛
목이 건조할 때 한 알
세상살이 씁쓸할 때 한 알
막대사탕 한 알로 시름을 녹인다

달맞이꽃

투명한 마음 내보이며
구름과 더불어
앞서거니 뒤서거니
가는 보름달

그윽한 달빛 편지
뿌려지는 금가루
꽃심도 꽃술도 몸이 열린다

사랑의 편지 밤새워 주고받다가
달빛이 스러지면 까무러치는
뜨거운 한여름 밤의 비밀

비밀은 공개된 지 오래되었건만
그치지 않는 사랑
흐르는 곳마다 노랗게 물이 들었다

자존심 또는 열등감

눈이 내려 쌓인 날
굽이 없는 신을 신고
집을 나섰다

높은 구두에 익숙했었지만
낮은 구두는 발이 편했다
길도 편했다

키 작아진
내 모습 그대로
돌아다녔다

하지만 눈 녹으면 다시
높은 구두 신고 집 나설
자존심 또는 열등감

언제까지 지니고 살 수 있을까
이 마음

관음증과 노출증

떨어져 직장 다니느라
한 달 만에 만난 신혼부부 방
객지의 그 방은 지붕이 낮아
이튿날 아침 창문에
침 발라 뚫은 창호지 구멍이 세 개
불화살처럼 꽂힌 호기심이
지난밤 바깥에서 맹렬했구나
화끈거리는 볼
그 밤의 불청객들이 야속했다

관음증을 가진 사람들
옷을 다 벗었느냐고 독촉하지만
벗어도 벗어도 절대 드러낼 수 없는
비밀 한두 개
무덤까지도 달고 가야 하는
수치심을 알까

부끄러움에도 레벨이 있어
등산길에 나타난 한 남자
염치를 벗어던진 몸에

몰염치라는 외피를 감싼 괴물이 되었다가
순식간에 다시 옷을 입고 산을 내려간다
그의 수치 지수는 아주 낮은 레벨

어둠살이 짙어 가는 거리
부끄러움을 아는 사람이 그리워지는 저녁이다

뜬금없는 생각

등에 진땀이 흐르는 여름 한낮
까만 일개미가 일을 한다
더위를 타지 않는지 쉬지 않고 일을 한다
위에서 누가 보고 있다는 사실을 모른 채
갔다가 오고 다시 또 가고
끊임없이 꼬리를 문다
만약에 신이 내려다본다면
인간들의 모습도
개미처럼 작아 보이겠다는 생각이 든다

뜬금없는 생각이 꼬리를 문다
젊은 시절
집안일에 개미처럼 부지런했던
내 모습이 겹쳐진다
집안일하는 것도 돈 버는 일이라고
열심히 일하고 노후에는 편히 살겠다는
나의 소박한 꿈은 반쯤 실현되었다

한 개미는 자기 몸의 열 배는 됨직한
큰 과자 부스러기를 열심히 운반한다

무척이나 길게 이어지는 개미들의 행렬을 보다가
문득 올해 겨울은 얼마나 추울까
개미들의 굴속은 따뜻할까
뜬금없이 겨울 날씨가 걱정되었다

잠자는 피아노

피아노의 입을 벌리면
쉰두 개의 흰 이빨과
서른여섯 개의 검은 이빨이 보인다
입이 커서 그런지
성대가 좋은 피아노는
연주하고 싶지만
내겐 어려운 선망의 악기

대학교 합창반 발표회
딸의 손가락이 자아내는 선율이
관중석을 타고 나비처럼 선회하여
울림을 주던 시간이 꿈결같았는데

주인이 집을 떠난 오랜 시간
기다리다 지친 우리집 피아노
입을 닫고 침묵 중이다
점점 소리가 말라간다

골칫덩어리가 된 피아노
중고 피아노 가게에 팔아야 될까
어쩌다 한번 오는 주인 때문에

거처가 불안해진 피아노
잠자는 몸을 깨워 줄
새 주인이 필요하다
헤어질 시간이 점점 다가오고 있다

겨울 장미

12월 초
길을 가다
애처롭게 매달린 꽃 한 송이 보았다
가느다란 줄기에 매달려
담장을 내다보는 빨간 얼굴
작은 얼굴이 오소소 떨고 있다

지난봄부터 가을까지
뒷전에 숨어 있다가
서리 내린 새벽바람 속에
얼굴 내민 여린 장미
늦었어도 포기할 수 없다는
수줍은 얼굴
갓 태어난 요정의 표정이
딸기즙처럼 스며들었다

오그라지던 내 심장이 겨울이 와도
용감해지겠다며 부풀어 올랐다
가는 팔다리가 트랙을 숨차게 달리는 그리움 속에
일 등을 못해본 한은 이미 버렸다

시베리아 동토에서 불어오는
엄혹한 바람에도
굴하지 않고 날아온 불새의 혼령이
깃을 내린 꽃가지
불꽃이 내게 점화를 한다

겨울비

비가 내린다
겨울비가 흐느끼듯 스며든다
친구의 목소리가 서성이며
창문을 두드린다

섬세하고 여렸던 그녀
실연의 아픈 꽃망울 안고
사랑이 싹트던 추억의 장소에서
끝내 이승을 하직하고 말았다는
슬픈 소식 들려왔었다

사랑에 목숨을 걸었던 그녀
먼 곳에서 빗줄기 타고 찾아 왔을까
여자의 모든 마음 쉽게 주지 말라고
전하러 왔을까

가로등 불빛에 반짝이는 눈물
사랑의 기쁨과 슬픔을 일깨우고
밤이 깊도록 속삭이는 소리
지난날의 회한을 일깨운다
토닥토닥 톡 톡 톡

마음

어제는 말 한마디에 기뻤는데
오늘은 말 한마디에 슬프다
어제 나는 예감했다
오늘은 슬플 것을

시간 따라 변하는
구름 같은 나날들
내일은 어떤 모양의 구름이 흐를까

구름이 머물다 떠나간 호수처럼
말없이 보내고
말없이 맞이해야 할 마음
때로 출렁이며 치솟는 물결은
바람이 지나가는 길

기쁨에도 슬픔에도 흔들리지 않는 곳
그곳까지 걸어야 할 길은 멀다
나는 지금 어디쯤 걷고 있을까

환기통

갈비집 식탁 위 환기통은
연기를 먹는다
몸에 먼지는 붙을지언정
연기에 질식당하지 않는다
아무리 더러운 것 만져도
깨끗하게 씻을 수 있는 두 손처럼

아침밥은 대충 건너뛰고
점심 저녁밥은 많이 먹는다
주말에는 거하게
독한 연기 먹고 뿜아내는 환기통
네가 없으면 어찌 숨을 쉴까
갈비 맛인들 온전할 수 있을까

제자리에 붙어서 제 할 일 하는
환기통 하나
공기 청소부인 너는
등 구부려 일하는 모든 사람
우리를 대신해
공중에 매달려 있구나

5

무서운 거울

무서운 거울

거울은 얼마나 편리하고도 무서운가
거울을 바라보면 내 거죽이 보이고 안도 보인다

나를 읽고 해석하는 거울은 거짓이 없기에
날이 갈수록 다듬어야 할 곳이 늘어난다
작은 거울로는 부족해 큰 거울이 필요하다

거울이 없었던 아득한 옛날
아버지 어머니들은 어떻게 살았을까
그들이 물을 거울삼아 비춰보았다 한들
왜 그렇게밖에는 못 살았느냐고
비난할 수는 없는 일

마찬가지로
큰 잘못도 없는 내가
온갖 힘을 짜내어 살아온 주름진 삶
자식들에게 비난 받는다면
그것도 참을 수 없는 일

무서운 거울은 아들과 딸의 눈

그리고 그들의 아들과 딸의 눈
그보다 더 무서운 것은
내 안 깊은 우물 속에서
조용히 나를 지켜보는 눈

황소의 눈물

시간이 느리게 흘러가던 어린 시절
심심했던 나는
진외가 할머니 따라 정미소를 갔다

소달구지 주인과
할머니와 나 그리고 무거운 볏섬까지
달구지에 싣고
누런 소가 뚜벅뚜벅 황톳길을 걸어갔다

마주 걸어오던 미군병사가 얼굴이 빨개져서
주먹을 휘두르며 소리질렀다
무슨 말인지 알아듣지 못해도
소에게 너무 가혹하다는 의미인 듯했다

황톳길과 소달구지
미군병사의 화난 얼굴
그리고 껌벅이던 황소의
물기 어린 눈동자가
풀지 못한 숙제를 던져 주었다

어떤 농부의 얘기가 생각난다
소를 걷게 하고 농부가 지게를 지고 갈 때
왜 소에게 짐을 지우지 않느냐고 누군가 물었다
그 농부는 소가 오늘 제 할 일을 많이 해서
쉬어야 된다고 대답했다

이제와 생각하니 그 병사의 화난 얼굴을
이해할 것 같다

지금도 알 수 없는 건 황소의 눈물
수레가 무거워 슬펐던 걸까
태어날 때부터 묶인
운명의 사슬이 슬펐던 걸까

은행나무의 슬픔

사람보다 먼저 지구에 터를 잡아
문패를 달고
천 년을 넘게 산다는 은행나무
천 년의 나이에도 주렁주렁 열매를 맺는다
수나무와 암나무가 별거를 해도
바람의 힘을 빌려 열매를 맺는 지혜
대대로 내려오는 가문의 전통이었다

큰길가 소음과 매연을 견딘
은행나무의 자궁
봄부터 키운 수많은 열매를 달고
출산을 기다린다
가을바람이 흔들자 후드득 떨어지는 열매
오가는 발길에 밟힌다

은행나무가 되지 못한 저 열매들
청소부의 빗자루에 쓸려
자루에 담긴 채 어디론가 사라질 것이다

산통(産痛)이 허사가 된 은행나무
굴러간 자리 어디에선가

한 개의 열매라도 뿌리 내리기 바라며
노란 잎을 흩뿌려
열매를 덮는다

쓰레기통

느긋하던 쓰레기통에게
화급한 시간이 닥쳐왔다
연이은 송년회 모임
새벽까지 휴식이 사라졌다

구석진 자리를 꿰차고 앉아서
구겨진 휴지와 오물을
받아먹던 쓰레기통이
넘치는 음식으로 소화불량과
구토 증세를 보였다

밤을 새운 냄새는 향기롭지 못하다
일찍 나온 행인이 식상한 표정으로
외면하고 지나간다
도로까지 점거한 구토물을 바라보며
그의 탓이 아니건만 부끄러움에 젖은 쓰레기통

지난밤
과소비에 찌들어 잠을 설친 그가
아픈 몸으로

간절히 기다리는 사람은 환경미화원
지금 어디쯤 오고 있을까
그의 주치의는

새

울음이 터질까 봐
굳게 닫은 입술
보는 것이 역겨워서
감아버린 눈자위

한때 아담한 성의 안주인이었지만
모래성이 무너지자
눈도 귀도 지우고
말없이 살다가 말없이 졌다
홀로 꽃이 지던 날
뒷산의 산까치가 울었다

흙으로 돌아갈 때
그녀를 위로 하는
산새 한 마리 공중을 맴돌았다

산비탈의 봉분에 내려앉은 적막
떠나간 남편과 세 딸 생각도
적막 속에 묻었을까

그 무덤 곁을 지나가던 날
족쇄를 벗은 새 한 마리
공중을 날아가고 있었다

두 개의 전쟁

어미의 품에 안긴 아기
앙상한 팔다리로
빈 젖을 빨고 있다

그들도 한때
양과 소가 풀을 뜯는 들판에서
풍요로운 족속으로 살았다지
지금은
석유도 가스도 희토류 광물도 없는
메마른 대지에서
굶주림과 전쟁을 하고 있는
가난한 백성

여윈 손가락을 구부려
달빛에 빵을 굽는 어미들
어둠 속에서 손을 뻗는다
푸른 새벽은 언제 올까

TV만 틀면 먹방 프로가
식욕을 부추기는 나라에 살고 있는 우리

뱃살을 빼기 위해
러닝머신을 타고 달린다
살과의 전쟁을 한다

기운 없는 까만 눈망울로
말없이 호소하는 어린 것의 사진을 보며
조금씩 불편해지던 위의 통증
신경줄을 타고 올라와
체증을 일으킨다

그녀는 왜 거미 부인이 되었나

허리가 세 뼘 남짓한 그녀
머리부터 발끝까지 가늘가늘
때로는 쓰러질 듯 하늘하늘
아침 커피 한 잔
점심 빵 한 개와 우유 한 컵
저녁엔 닭가슴살 샐러드 한 접시
오늘의 식단이다

중력이 사라진 가벼운 걸음걸이 거미를 닮았다
검은 드레스를 입고 있을 때 더욱 그렇다
나는 그녀를 거미 부인이라고 부른다

그녀의 기운 없는 팔에 달린
가느다란 손이
지상의 일을 처리할 때
섬세한 손놀림은 교묘하고 예술적이다

자녀가 없어 고적한 그녀
종합병원 의사는
신체의 각 부위와 내장이 영양실조로 인한

메마름 현상이 보인다는
소견서를 보내왔다

거미 부인은 갈림길에서 고민 중이다
신체에 수분과 윤기를 주기 위해
먹는 일에 집중할 것인가
아니면 계속 44사이즈의 몸매를 유지할 것인가

학창시절 철없는 한 남학생의 독설에
찔려 피를 흘린 그녀
그 무례한 말은 바로
"야, 돼지야! 살 빼!"
그때부터 그녀의 독한 다이어트는 시작되었으니
독기는 아직도 빠지지 않았다

고독

비스듬히 기운 초가지붕 아래
금이 간 흙집 하나
오래된 마당에
떠나지 못한 노인이
홀로 앉아 호미질을 한다

그녀에게도 가족이 있으련만
다녀간 흔적 하나 없이
고여 있는 침묵만
마당에 가득하다

뚜껑이 열린 장독
무엇이 담겨 있을까
외로움도 그만 지쳐
땅속으로 스며들고 싶은 시간
그녀에게 그리움은 올까

늙는다는 건 외로움과 친하다
시린 노인의 등을 따뜻한 햇살이
말리고 있다

초록이 널린 푸성귀 밭
그래도 봄은 잊지 않고 이 집을 찾아와
쓰러진 파밭을 일으키고 있다

모자라고 불러줘

병의 뚜껑은 안전모
뚜껑 없이 넘어지면 내장이 쏟아진다
뚜껑을 믿고 안심하고 넘어지는 병

냉장고도 힘이 부친 여름날
신선도를 보장하는 뚜껑을 열면
부패의 가속도가 붙는 통로가 생긴다

떨어질 수 없는 맞춤형 짝
꼭 맞는 뚜껑과 병은
물 샐 틈 없는 완벽한 한 쌍이다
이 천생연분 한 쌍도
마지막엔 따로 버려져
제 갈 길로 간다

누구는 누구의 따까리라며
때때로 불려지는 호칭
비속어로 불리길 싫어할 뚜껑이
외칠 것 같다

"나는 따까리가 아니야. 모자 안전모라고"

개소리

주인은 들일 나가고
개들만 지키는 산자락
호젓한 농가의 개들이
길 따라 산책하는 나에게 사납게 짖는다

이 개들의 소리는 그야말로 개소리
아무런 나쁜 생각이나 행동을 하지 않는 내게
짖어대는 개의 시력이나 판단력은
무어란 말인가

왈왈 왕왕 컹컹컹
돋는 소름을 주저앉히며
아서라 개가 뭘 알겠나
개로 태어나 개의 습성을 실천하는 개는
차라리 개다운 개

사람이 개소리를 자꾸 흉내 낼 때는
어찌하면 좋을지 해법이 안 보여
답답한 가슴을 쿵쿵 치다가
하늘 너머 먼 곳을 쳐다보다가
괜히 헛웃음만 짓지 않는가

창문

창문은 숨구멍
살짝 열면
새벽 바람이 헤엄쳐 들어온다
밤새 눌렸던 호흡기
흐르는 속도가 빨라진다

창문은 대화의 통로
태양이 찾아오는 시간
방 안의 가구와 벽이
태양과 대화를 즐기다가
꾸벅꾸벅 존다

말갛게 닦인 유리창 밖에
한 폭의 풍경화를 바라보다가
눈을 들어 바라보니
파란 하늘에 갑자기
'미세 먼지 좋음'
문자가 떴다

활짝 연 창으로 모처럼

말끔하게 세탁하는 공기
오늘은 숨 쉬기가 편할 것 같다

바람 부는 밤

바람의 춤사위 펄럭이는 외투자락
나뭇가지가 휘청대고
방안을 노리는 일격이
창문을 흔들고 있다
먹구름에 가려진 밤은
파도를 잠재우려 안간힘을 쓴다

3층 아파트 부실한 뒤 베란다 창문이
밤새도록 덜컹거리더니
아침에 보니 거의 떨어지기 직전이었던
옛적 어느 날
그때는 기술이 그 정도였다고 이해는 하지만
지금 생각해도 참 아찔한 일이었지

8등급의 이름은 큰바람
10등급은 노대바람
제일 센 바람은 12등급
지금 부는 바람은 몇 등급일까

불순했던 바람이
숨을 고르는 눈치다

타협할 줄 아는 바람의 성품을 알았기에
공포심에서 벗어나는 밤
눈멀어진 수많은 밤을 뒤로 하고
항해 중이다

이상한 나라의 앨리스*

가로수길에 나섰다 연두 잎이 보고 싶어서

순간 착시현상을 느꼈다
20세기 런던의 침침한 겨울이 21세기 초
서울의 봄 거리에 복제되고 있었다

처칠로 하여금 공기청정법을 만들게 한
석탄 연기 자욱한 스모그
1952년 겨울 런던의 망령들이 수군거리고 있었다

망령이 물러간 서울의 거리에는
내뿜는 가스와 바퀴가 일으키는
건조한 부스러기들
정체 모를 금속 물질이 숨어 있다

은신처를 숨긴 암기(暗器)가 날아다니며
유언비어를 퍼뜨린다
중독되어 증세가 나타날 때까지 퍼뜨린다
뭉치면 힘이 세진다는 것을 이미 알고 있다
모습을 드러내지 않아

매일 매시간 측정해야 하는 난해한 적
앨리스는 안 보이지만
이상한 나라가 될지도 모른다고 생각한다

이상한 나라에 들어가려면
마스크를 껴야 하고
사람들은 점차 마스크에 익숙해질 것이다

벵갈고무나무 산세베리아
방독면이 생각나는 날
제발 불어오라고 바람을 부른다

*이상한 나라의 앨리스: 영국의 작가 캐럴이 지은 동화

겪은 삶과 사물의 관찰 시정이 빚은 서정 미학

- 하난영 시인의 시 세계

오동춘(문학박사, 짚신문학회 회장)

1. 머리말

하난영 시인은 대구에서 태어나 선비 고을 안동에서 오래 거주했다. 경북여고를 거쳐 경북사대를 졸업하고 안동여중을 비롯하여 몇 학교에서 교편을 1973년부터 1981년도까지 8년간 잡았다. 안동주부문학회 회원 활동을 하며 시 창작에 몰두했다.

친정아버지 하영필(河榮弼1926~) 시조 시인의 따님으로 시의 영향을 많이 받았다. 하난영 시인은 섬세한 여성미와 교양미, 지성미를 갖춘 따스한 여성 인격미가 아름다운 시인이다. 온유 겸손한 자세로 묵묵히 자기 역량을 북돋아 오며 서울로 주거를 옮겨 살면서도 습작의 붓을 놓지 않았다.

해군 장교 출신 간호사 박영숙 시인의 안내로 짚신문학회 회원이 되고 2018년 12월호 『문예사조』에 「환기통」 외 2편이 신인상에 당선되어 시단에 올랐다. 하난영 시인은 사물에 대한 깊은 애정과 관찰력 그리고 천부적 재질로 그간 주옥같은 시를 여러 문예지에 많이 발표했다.

풍부한 시정과 능숙한 언어 구사로 그간 알차게 엮은 시작품 70편으로 첫 시집 「꿈속의 님」을 여름에 상재하려 한다. 가족 사랑, 임 그리움, 농촌과 도시 이미지, 애국, 효 의식 등의 주제로 엮은 시집이 아담한 모습으로 독자들의 큰 사랑을 받게 되리라 믿는다. 근면 성실하게 시를 쓰며 착하고, 순수하고 아름답게 살아가는 하난영 시인의 첫 시집 『꿈속의 님』 시 세계를 살펴보기로 한다.

2. 펼침말

1. 임과 꽃에 대한 정서적 사상

고운 꿈은
고동치는 기쁨의 묵시록
계절이 바뀌어도
언제나 푸르네

꿈속에 찾아오는 님은
훨훨 날아서 오고

구름 위 성채처럼 황홀한 모습
메마르던 열정에

불을 붙이고
의심하던 마음에
믿음의 씨앗을 심었네

내 가슴에 불의 낙인을 찍었네
스스로 찍은 낙인
그대의 사랑은 평안을 주기에
나는 그대의 것이라는 약속이었네

메마른 밭이 옥토가 되니
좋은 열매 맺을 소망 가슴에 품어
다시 한번 보고 싶은
꿈속의 님
꿈속에서도 꿈결 같았네
-「꿈속의 님」 전문

이 시는 구사된 묵시록, 성채, 소망 등의 시어 이미지가 벌써 천주님을 시인의 가슴에 모신 신앙 시임을 알 수 있다. 묵시록은 바로 신약성경 끝에 나오는 요한계시록이다. 요한 사도가 하나님 계시를 받고 쓴 성경 말씀이다.

하난영 시인도 우주 만물의 창조자요, 통치자요. 구원자인 하나님을 정절 있는 성도로 끝까지 천주님 한 분만을 임으로 모시고 살겠다는 신앙고백이 한 편의 시로 잘 승화 된 작품이다.

만해 한용운(1879-1944)은 그의 「님의 침묵」 시집에서 '그리운 것'은 다 임으로 규정했다. 그리운 것. 곧 그리운 대상은 다 임으로 본 것이다. 향가, 고려가요, 조선조 시가 이 모든 우리 국문학상의 작품 주제가 사랑, 임, 그리움의 전통적 주제의식이 오늘날에도 흐르고 있다. 소월시, 만해시, 청마시, 노산시, 목월시, 송골시 등이 그 뒤를 잇고 있는 것이다.

하난영 시인의 가슴에 「기쁨의 묵시록」으로 임을 꿈속에도 만나길 소망하는 꿈의 열매는 성령 충만한 서정적 자아인 시인의 믿음으로 잘 승화되어 독자의 감동이 넘치게 할 것이다.

먼 이국땅에서
연구하랴 논문 쓰랴 바쁜 아들이
생일에 맞춰 보내온 정성
마음속 어두움 죄다 거두고
밝은 빛으로 가득 채웠다
꽃잎은 어느새 시들어 갔지만
남은 향기 여운이 짙어
신이 빚은 예술품
사랑의 전령사
꽃의 사명은 완수되었으니

내 마음속에 겨워 온 사랑
오래 빛날 별 하나로 새겨졌다
-「꽃바구니」 일부

이 작품은 모성애 효성애가 넘치는 교훈적 가치의 작품이다. 미국에 유학 중인 아들이 어머니 생일에 보내온 꽃바구니가 '신이 빚은 예술품' '사랑의 전령사'로 표현하여 모성애가 뭉클 솟는 시작품이다. 장미, 카네이션, 안개꽃이 장식된 꽃바구니를 보내온 아들의 효성 또한 아름답기 그지없다.

오륜의 사친이효 의식, 정철의 훈민가 한 수 시조에 "어버이 살아실 제 섬길 일란 다 하여라'의 효성 이미지가 풍기는 훈훈한 교훈적 가치의 작품이다. 하난영 시인 가슴에 외국에서 유학하는 아들 아끼고 사랑하는 마음 바로 그리운 대상 혈육의 임이 아니겠는가. 시인의 시 의식이 정답고 순수하다.

참새 한 마리/ 포롱포롱 날면서/ 명랑한 소리로 가지를 흔드니/ 목련꽃 살랑살랑/ 흰나비가 되었네// 창밖의 목련꽃나무 시공을 건너게 해/ 단발머리 소녀시절 부르던 노래 떠올리네// 영롱한 그 노래/ 손녀에게 들려주니/ 어린 손녀는 어렵다 손사래 치고/ 내 입술에서 흘러나온 노랫소리/ 무지개처럼 공중에 걸리네// 봄은 한창인데/ 목련꽃 그늘 아래에/ 하나둘 하얗게 꽃이 지네/ 날개 접은 나비처럼 꽃이 지고 있네//

-「목련꽃과 봄노래」 전문

하난영 시인이 좋아하는 목련꽃, 참새도 좋아 봄노래 부를 때 하난영 시인도 봄노래로 목련꽃 사랑을 즐겼다. 봄노래를 손녀에게 가르쳐 주려 했으나 손사래 치는 바람에 그만두고 계속 부른 할머니 하 시인의 봄노래는 하늘 무지개로 하늘까지 오르는 이미지가 미적 시감을 느끼게 해 준다. 아름다운 목련도 화무십일홍의 말같이 금방 낙화되는 슬픔에 젖는다.

「목련꽃과 봄노래」는 꽃의 시각적 이미지와 봄노래의 청각적 이미지로 공감각적 이미지의 독특한 표현 기교를 보여준 작품이다.

주황색 예쁘게 단장한 얼굴/ 밖을 내다본다/ 가득찬 호기심과 타오르는 그리움에/ 더위도 주춤/ 생생한 웃음소리/ 묵음으로 흐른다// 그래 너는 더위에 기죽지 않는/ 남국의 영혼/ 나도 너처럼 뜨겁게/내 속을 끌어모아/ 아름다운 형상 만들어 볼게// 나의 은밀한 독백 중에/ 꽃송이 하나/ 바닥에 툭 떨어진다// 열정을 불사른 후/ 땅 위에 눕는 모습/ 꿈틀거림도 미련도 없는 자리/ 불꽃 튀는 사랑도/ 피터지는 미움도 없다// 능소화 피듯 살고/ 능소화 지듯 죽고 싶다는/ 새로운 가지 하나 촉을 틔운다//

-「능소화」 전문

집 마당가의 관상용 능소화는 집주인의 사랑을 받는 꽃이다. 가지에 기근(氣根)이 있어 다른 물체를 타고 넝쿨처럼 10미터 정도 높이를 이루는 꽃이다. 여름꽃으로 열정을 보이는 한 생애의 산뜻한 사랑을 승화시킨 작품이다. 깔때기 모양의 능소화에 눈이 쏠린 하난영 시인의 꽃 사랑 이미지가 능소화 붉은 꽃송이에 잘 스며 미적 즐거움을 자아내고 있다.

하난영 시인은 「달맞이꽃」에서 /사랑의 꽃 편지 밤새워 주고받다가/ 달빛이 스러지면 까무러치는/ 뜨거운 한여름 밤의 비밀//로 밝힌 시적 이미지는 사랑의 신비를 품고 맞이하는 달맞이꽃 사랑의 임은 덩실한 보름달이다. 달맞이꽃이 그리는 임의 존재는 보름달이 되고 해바라기 꽃의 일편단심 임은 한낮의 뜨거운 태양이 아닐 수 없다. 은하수 푸른 밤하늘 가운데 덩실한 둥근 임 하나 바로 달맞이꽃 생명꽃 사랑인 것이다. 밝고 아름다운 정서적 이미지가 미적 가치를 드높여 준다.

고운 얼굴 피어 들고/ 서로 다투는 봄날/ 아무 일 없는 듯 말없이 서 있더니/ 온 세상이 한없이 늘어지는/ 따가운 햇살 속/ 진홍으로 단장하고/ 생기 불어넣는 배롱나무꽃/ 피고 지고 또 피는 일편단심으로/ 얻어낸 그 이름 백일홍/ 초가을 하늘 아래에서도/변함없는 그 자태/ 동산 너머 저 넓은 세상까지/ 환한 등불을 켜네//
-「배롱나무꽃」 전문

배롱나무꽃의 사상적 교훈은 일편단심 꽃이다. 백일간은 꽃이 피고 지는 끈기가 높게 평가되어 백일홍 꽃 이름도 얻었다. 자미화(紫微花), 파양수(怕痒樹), 백일초(百日草) 등으로도 불리는 배롱나무꽃은 사상적 지조 면으로 일편단심, 성격 면으로는 아픈 데를 낫게 해주는 치유 이미지, 겸손으로 갖춘 이미지에 부끄럼의 미도 지닌 꽃으로 인간의 친근한 벗이 아닐 수 없다. 흰빛 꽃 자줏빛 꽃이 있으나 진홍빛 꽃 배롱나무가 정열적 이미지를 보여준다.

안동 서애 유성용 유해가 있는 병산(屛山) 서원 뜰에 가면 낙동강을 굽어보는 배롱나무꽃밭이 늠름하게 아름답게 서 있다. 일편단심의 배롱나무는 초가을 하늘 아래 동산 너머 넓은 세상의 환한 등불로 인간 삶의 앞길까지도 환히 비추는 등불인 것이다. 이렇게 한 시대의 배롱나무꽃 같은 등불로서의 사명을 시인의 사명으로 느끼는 하난영 시인의 치열한 시 정신이 잘 깃든 작품으로 「배롱나무 꽃」의 시적 미적 가치가 높게 보인다.

12월 초/ 길을 가다/애처롭게 매달린 꽃 한 송이 보았다/ 가느다란 줄기에 매달려/ 담장을 내다보는 빨간 얼굴/ 작은 얼굴이 오소소 떨고 있다//

-「겨울 장미」 일부

불타는 여름 장미가 때아닌 겨울에 담장 너머 나온 겨울 장미 한 송이로 시인의 눈에 발견된 것이다. 시베리아 동토의 바람에도 굴하지 않은 불새 혼령이 깃을 내린 꽃 가지의 불꽃이 시인의 가슴에 점화를 하는 것이다. 북풍 한설 겨울에도 봄여름을 희망해 바라보며 불굴의 의지로 장미 자기 관리를 하는 장미의 활달한 불꽃 정신은 바로 하 시인의 불굴의 정신이요, 준엄한 시 정신이 아닐 수 없다.

2. 겪는 삶에서 본 사물 관찰미와 섬세한 여성미

별이 진 자리에 앙증맞은 열매
열 개도 넘게 달린
초보 농부의 첫 수확

빨갛고 귀여운 저것을
어떻게 먹을 수 있을까
애지중지 보기만 했는데
노는 날 찾아온 아들 입에 쏘옥

-「방울토마토」 일부

집에서 키우는 방울토마토 성장 과정을 세세하게 그려 보이며 어머니다운 관찰미를 잘 드러내고 있다. 침착하고 섬세한 여성미도 잘 드러난다. 빨갛게 익은 방울토마토를 사랑하는 아들이 따 먹어 기쁘게 생각하는 모성애가 갸륵하다. 또 열릴 방울토마토 열매를 누구에게 줄까. 희망적 미래를 바라보는 어머니스런 자애가 시의 미적 감각을 잘 맛보게 해준다.

거미 부인은 갈림길에서 고민 중이다
신체에 수분과 윤기를 주기 위해
먹는 일에 집중할 것인가
아니면 계속 44사이즈의 몸매를 유지할 것인가

학창시절 철없는 한 남학생의 독설에
찔려 피를 흘린 그녀
그 무례한 말은 바로
"야, 돼지야, 살 빼!"
그때부터 그녀의 독한 다이어트는 시작되었으니
독기는 아직도 빠지지 않았다
-「그녀는 왜 거미 부인이 되었나」 일부

남학생의 독설 한마디가 한 여인 일생의 상처가 되어 행복을 잃고 고독하게 살아가고 있는 모습을 그렸다.

얼마나 말조심을 잘해야 하느냐 하는 교훈이 담긴 시이다. 다이어트하는 한 여인의 말라가는 모습 거미형 외모를 잘 관찰해보는 마음도 안타깝고 영양을 제대로 챙겨

정상적인 여인상이 되길 바라는 기도가 담겨 있다. 시의 그녀 본인도 다이어트 중단 여부에 고민을 쏟고 있으니 하 시인이 접근하여 정상 여성 상태로 돌아오게 도와주어야 할 것이다.

갈비집 식탁 위 환기통은/ 연기를 먹는다/ 몸에 먼지는 붙을지언정/ 연기에 질식당하지 않는다/ 아무리 더러운 것 만져도/ 깨끗하게 씻을 수 있는 두 손처럼// 아침밥은 대충 건너뛰고/ 점심 저녁밥은 많이 먹는다/ 주말에는 거하게/ 독한 연기 먹고 뿜아내는 환기통/ 네가 없으면 어찌 숨을 쉴까/ 갈비 맛인들 온전할 수 있을까// 제자리에 붙어서 제 할 일하는/ 환기통 하나/ 공기 청소부인 너는/ 등 구부려 일하는 모든 사람/ 우리를 대신해/ 공중에 매달려 있구나//

-「환기통」 전문

가정이나 농어촌 식당에 환기통 시설이 되어 있다. 하난영 시인은 식당의 환기통을 세밀하게 관찰하고 환기통이 하는 일에 대한 필요성 그리고 환기통의 기능과 인간에 대한 봉사적 활동에 대해 구체적 묘사로 시적 분위기를 잘 자아내고 있다.

주인이 집을 떠난 오랜 시간
기다리다 지친 우리집 피아노
입을 닫고 침묵 중이다
접점 소리가 말라간다

골칫덩어리가 된 피아노
중고 피아노 가게에 팔아야 될까
어쩌다 한번 오는 주인 때문에

거처가 불안해진 피아노
잠자는 몸을 깨워 줄
새 주인이 필요하다
헤어질 시간이 점점 다가오고 있다
-「잠자는 피아노」 일부

「잠자는 피아노」는 딸이 쓰던 피아노이다. 딸이 떠나고 난 뒤로 피아노는 조용히 놀고 있다. 이제 필요 가치가 상실되어 가정에 골칫덩어리로 지금 잠자고 있는 것이다. 무용지물로 버림받게 된 피아노는 잠자지 않고 소리 내어 일할 수 있는 새 주인을 찾아가야 한다. 이별하게 될 피아노를 잘 관찰한 눈으로 하 시인은 아쉬움을 잘 승화시켜 읊고 있다.

딱딱하던 콩이/ 말랑하게 변신해서/ 부드럽게 엉킨 사각의 형태/ 만만하게 집어 들면/ 부서지기에/ 아기 몸처럼 조심스러워요// 그 속에는 한여름 땡볕에 콩밭 매던/ 까맣게 그을린 등과/ 타고 내리는 굵은 땀방울이/ 고된 여정을 거쳐/ 투명하게 새겨져 있어/ 한 조각이라도 허투루 할 수 없지요// -「두부」 일부

농부의 콩 재배의 땀방울과 두부가 되어 두부 반찬에 이르기까지 낱낱이 세밀하게 관찰해본 하난영 시인의 사물에 대한 통찰력이 뛰어남을 「두부」 작품에서 잘 보여주고 있다. 가정주부로서 부엌에서 직접 두부 음식을 요리해 본 체험을 바탕으로 두부가 두부조림, 두부전골, 두부전, 순두부찌개, 된장국에 든 두부 등의 음식으로 만들

어진 과정을 잘 알고 있는 것이다. 두부는 선량한 농부가 재배한 콩에서 생산되는 소박한 물건이 두부인 것이다. 이제 도시나 농촌 할 것 없이 두부가 우리 가정의 벗으로서 필수불가결의 우리 토속음식임을 시로써 짜임새 있게 잘 엮었다.

이밖에도 여성의 관찰미 여성미가 깃든 우수 작품으로 「국화차」, 「은행나무의 슬픔」, 「무서운 거울」, 「감로수」, 「고독」 등이 있다.

3. 가족의 애정의식과 충효사상

아버지가 가꾸던 정원 한켠에는
시조를 일구는 밭이 있었다
그 밭에는 국토를 사랑하는 마음이
초록색 울타리로 꼿꼿했다
가지 많은 우리 동기들 그 울타리
안에서 손수 쓰신 경천애인(敬天愛人)
네 글자를 가훈으로 뿌리를 뻗었다

허리가 휘청한 세월도 있었지만
선한 미소 잃지 않은 아버지
한결같은 발걸음 깨끗한 공직생활
칭송도 들으셨다
-「아버지의 정원」 일부

하난영 시인은 시조 시인 하영필(河榮弼 94세) 선생의 따님이다. 하 시인은 아버지 정원에서 가정, 나라 사랑 교육과 우리 고유의 정형시 시조의 영감이 뜨는 시조 사랑도 함께 배운 것이다. 아버지의 정원의 교육적 추억을 밑거름 삼아 효도의식을 발휘하며 쓴 작품이다.

친정어머니 시어머니 두 분께서/ 평생토록/ 보배로 아꼈던 손/ 가슴속 납덩어리 몇 개씩 눌리면서도/ 죽으면 썩을 손 아끼면 뭐하나/ 못난 놈이 인정 탓한다/ 그 말씀이 제게 보배로 남아 있습니다//

-「두 어머니의 손」 일부

하난영 시인은 효녀요 효부이다. 두 어머니로부터 죽으면 썩어질 손을 아끼면 무얼하겠느냐. 열심히 손을 놀려 일 잘하여 잘 살아가야 한다는 가르침을 받았다. 하 시인 자신도 아내로서 가정 살림, 교사로서 학생지도, 시 쓰기 등에 손이 부지런히 일하도록 애써 온 것이다. 아버지 교육에서 경천애인 사상을 배우고 친정 시가 두 어머니로부터 손의 절대적 가치와 삶의 근면성, 성실성, 온유한 성품을 배운 것이다.

메밀꽃 닮은 할머니/ 담백한 향기 날릴 때/ 나는 향기에 취해/ 사랑이 고프지 않던 아이//

-「할머니의 향기」 일부

어릴 때 할머니의 사랑도 엄마 사랑 못잖게 절대적이다. 조금도 느슨함 없이 알차게 할머니의 사랑의 향기로 풍성한 할머니 사랑에 감사 의지를 보여주고 있다. 그리고 하늘나라 가신 할머니를 그리워하고 있다.

「외할머니 화투」는 일본과 왕래가 없던 시대 두 아들을 일본에 두고 귀국만을 일구월심 기다리며 그 기다림의 고통을 심심풀이 화투로 즐겼던 외할머니의 쓸쓸한 인생을 그린 작품이다. 하늘나라 가신 외할머니의 그리움이 절절한 작품이다.

「예방주사」는 유학길에서 고난의 눈물 젖은 빵을 먹어본 아들은 이미 삶의 고난 예방주사를 맞았기 때문에, 앞으로 닥칠 환난 근심을 잘 헤쳐나가리라 믿는 어머니의 모성애가 시의 바탕에 깔린 모자지간 이미지가 승화된 작품이다.

이밖에도 가족의식을 보인 작품으로 손녀 사랑이 핵심주제인 「흔적」「베리화이트 바나나 공주」, 「씨 옥수수」「귀한 손님」 등이 있다

등이 꼿꼿한 중년의 남자가/ 언덕 위 충무공 비석 앞에서 모자를 벗는다// 저 비석은 알고 있을까/ 나부끼는 머리카락 숙이며/ 그가 바치는 존경의 무게를// 비취색 물빛 통영 앞바다/ 동양의 나폴리/ 하얀 선박들 떠 있는 평화로운 항구는/ 그 옛날 남쪽바다 지킨 장군을 기억할까/ 정기 서린 눈빛 큰 칼 찬 장군의 우국충정 서린 곳/ 뜨거운 감사의 념(念) 가슴에서 솟구쳐/ 나그네 곁에 나란히 서서/ 허리 굽혀 절한다// 유비무환(有備無患)의 자세와 높은 충의(忠義)로/ 애민(愛民)정신을 실천한 이순신 장군// 비록 돌이지만 저 비석은 알고 있으리라!/ 비록 물이지만 저 바다는 기억하고 있으리라/ 그 고고한 정신과 위대한 업적을//

-「통영 충렬사」 전문

이 작품은 일종의 기행시다. 그리고 애국시다. 동양 나폴리로 불리는 아름다운 항구 도시 통영 충렬사에서 한 중년 나그네의 참배 행위를 관찰한 내용을 시로 서사적 사실적 시로 엮은 것이다. 임진왜란(1592~1598)과 정유재란 때 23전 23승의 신화적 승리의 기록을 남긴 충무공 이순신(1545~1598) 장군의 순국 정신으로 나라의 위기를 구한 것이다. 필사즉생(必死卽生) 필생즉사(必生卽死)의 신념과 신묘한 전술로 바다의 왜병을 다 물리친 이순신 장군은 우리 짚신 겨레의 태양으로 존경받고 있다.

하난영 시인도 충무공을 존경하며 애국 기행시로 애국의식을 잘 드러냈다.

4. 농촌의 소박미와 도시의 부조리

시간이 느리게 흘러가던 어린 시절/ 심심했던 나는/ 진외가 할머니 따라/ 정미소로 갔다// 소달구지 주인과/할머니와/ 나 그리고 무거운 볏섬까지/ 달구지에 싣고/ 누런 소가 뚜벅뚜벅 황톳길을 걸어갔다// 마주 오던 미군 병사가 얼굴이 빨개져서/ 주먹을 휘두르며 소리 질렀다/ 무슨 말인지 알아듣지 못해도/ 소에게 너무 가혹하다는 의미인 듯했다// 황톳길과 소달구지/ 미국 병사의 화난 얼굴/ 그리고 껌벅이던 황소의/ 물기 어린 눈동자가/ 풀지 못한 숙제를 던져 주었다// 어떤 농부의 이야기가 생각난다/

-「황소의 눈물」 일부

농본 국가인 우리나라의 소는 귀중한 농사꾼이었다. 논밭 일을 농부와 함께했다. 때로는 사람들의 무거운 짐도

날랐다. 농촌의 초가집 농부나 소는 참 순박하고 소박했다. 하난영 시인은 진외가 할머니 따라 정미소를 갔던 어린 날의 추억을 되새겨 황소의 눈물을 생각한 것이다. 사람과 볏짐을 함께 끌던 달구지 소를 보고 미국 병사가 소에게 가혹하다는 소릴 들은 추억도 시에 담겼다. 그리고 농사일을 많이 한 소를 쉬게 한 농부의 어진 마음도 시인의 추억에 떠오른 것이다. 결국 황소는 코뚜레에 코가 꿰여 끌려다니는 사람의 노예나 다름없다.

죽어서는 뼈까지 온몸을 다 바친다. 희생(犧牲)이란 낱말이 소가 사람에게 살아서 일해 주고 죽어서 가죽 살까지 다 바치는 데서 희생이라는 소우(牛)변의 낱말도 생긴 것이다. 인간에게 매여 사는 소의 슬픈 운명이 황소의 눈물을 자아낸 것이다. 그러나 농촌은 오곡이 무르익는 들판이 있고 농민 정신으로 일하는 농부나 황소는 다 순수하고 어질기 그지없다. 그러나 21세기 도시는 논밭 다 뭉개고 고층 아파트를 지어놓고 이웃도 없이 살벌하게 살아가고 있다. 도시 공간의 한 기구 쓰레기통 시를 한수 살펴보자.

느긋하던 쓰레기통에게/ 화급한 시간이 닥쳐왔다/ 연이은 송년회 모임/ 새벽까지 휴식이 사라졌다/ 구석진 자리를 꿰차고 앉아서/ 구겨진 휴지와 오물을/ 받아먹던 쓰레기통이/ 넘치는 음식으로 소화불량과/ 구토 증세를 보였다// 밤을 새운 냄새는 향기롭지 못하다/ 일찍 나온 행인이 식상한 표정으로/ 외면하고 지나간다/ 도로까지 점거한 구토물을 바라보며/ 그의 탓이 아니건만 부끄러움에 젖은 쓰레기통// 지난밤/ 과소비에 찌들어 잠을 설친 그가/ 아픈 몸으로/ 간절히 기다리는 사람은 환경미화원/ 지금 어디쯤 오고 있을까/ 그의 주치의는// -「쓰레기통」 전문

도시의 아파트촌에 날마다 쓰레기가 쏟아져 나온다. 가정마다 사무실마다 화장실, 지하철 등 사람이 사는 곳에 쓰레기통도 살고 있다. 쓰레기가 넘쳐 도시 미관을 해치기도 한다. 무슨 행사 특히 연말 송년 행사 뒤에 나온 쓰레기가 산더미 같다. 이 쓰레기를 청소하는 사람은 환경미화원이다. 쓰레기통은 환경미화원을 기다린다. 쓰레기를 처리해 가야 하므로 그런 것이다. 쓰레기통에 담기는 쓰레기보다 도시의 인간쓰레기가 너무 많다. 거짓 인간쓰레기부터 청소해야 한다. 이 「쓰레기통」 시는 도시의 부조리한 생활상을 잘 반영해 주는 작품이다.

소란하고 번잡한 도시에 사는 도시인들의 부조리한 삶이 고발적으로 이미지화된 작품으로 「가슴속의 바퀴벌레」, 「도시 아이」, 「초록별의 파수꾼」, 「신문 중독자」,「관음증과 노출증」 등의 작품이 있다.

3. 맺는말

죄 많은 인류의 죄를 심판한 코로나바이러스가 온 세계를 설치고 있다. 이런 고난의 시대에 시 창작에 몰두해온 하난영 시인이 아담한 첫 시집 「꿈속의 님」을 펴낸다. 지성미 교양미 인간미가 아름답고 여성미 넘치는 삶이 겸손한 하난영 시인 피와 땀을 쏟아 엮는 70편 모두 주옥편

인 이 시의 해설을 네 분야로 갈래지어 살펴본 결과는 아래와 같이 요약해 말할 수 있다.

첫째, 기독교 신앙의 종교적 시심이 아름답게 전개되고 한국의 전통적 임사랑 그리움의 정서를 주제의식으로 잘 창작했다. 그리고 계절감과 함께 꽃에 대한 깊은 통찰과 참신한 이미지를 잘 조화시켜 서정 미학의 가치를 창조했다.

둘째, 사물을 살펴보는 눈이 예리하고 포착된 사물을 적절한 언어 선택으로 수놓듯 은유 상징적 시를 한 편 한 편 알차게 엮어 나갔다. 섬세한 여성미가 돋보이는 작품들의 미적 감동이 높았다.

셋째, 조부모 부모 남편 자식 손자까지 가족 사랑의 애정의식이 시로 승화되어 가정 중심의 여성미가 넘치는 작품을 썼다. 충무공 이순신 장군의 순국 애국정신을 본받아 애국의식의 시도 창작했다.

넷째, 농촌의 소박한 생활 정서와 시끄럽고 무질서한 도시 문화의 비판의식 시도 남겼다. 시인의 진실성과 정직성 정의감이 시 정신으로 드러났다.

하 시인이 오랫동안 살았던 안동은 선비 고장이다. 시조 『도산십이곡』을 남긴 퇴계 이황(1501~1570) 『징비록』 책을 남긴 서애 유성룡(1542~1607)같은 옛 선비와 그리고 일제시대 윤동주와 함께 순국 시인인 이육사(1904~1944) 같은 선비정신을 본받아 하난영 시인도 큰 시인이 되기를 빈다.

하난영 시집

꿈속의 님

2020년 8월 20일 초판 인쇄
2020년 8월 25일 초판 발행

지은이 / 하난영
발행인 / 강병욱

발행처 / 도서출판 교음사

03147 서울 종로구 삼일대로 457 수운회관 1308호
Tel (02) 737-7081, 739-7879(Fax)
e-mail / gyoeum@daum.net

등록 / 제2007-000052호

* 잘못된 책은 바꾸어 드립니다. 값 10,000 원

ISBN 978-89-7814-789-7 03810

이 도서의 국립중앙도서관 출판예정도서목록(CIP)은 서지정보유통지원시스템 홈페이지(http://seoji.nl.go.kr)와 국가자료공동목록시스템(http://www.nl.go.kr/kolisnet)에서 이용하실 수 있습니다. (CIP제어번호 : CIP2020034652)